그렇게 될 것은 결국 그렇게 된다

정용주 시집

시인동네 시인선 003

정용주 시집

그렇게 될 것은 결국 그렇게 된다

시인동네

시인의 말

꽃씨 뿌리고
꽃모종 옮겨 심고

흙 묻은
호미 털며
저녁을 맞은 사내

화창하게 피어난
꽃밭에 앉아
홀로
울고 있다

심지 못한 저 시절(時節)이
가장 붉은 꽃이다

2013년 시월
치악산 몽유거처(夢遊去處)에서
정용주

그렇게 될 것은 결국 그렇게 된다

차례

제1부

제2부

제3부

제4부

제1부

불멸의 사랑

이제 눈으로 그를 볼 수 없게 되었다
차라리 그것이 나은 것이다
아픈 날들이었다
눈으로 사랑을 보는 것은
보이지 않는 것을 병들게 한다
나는 이제 어느 시인의 시구도 인용하지 않으며
어떤 폐인의 절망도 동조하지 않고
사랑을 말할 수 있게 되었다
사랑의 이름으로
천사가 되는 자와
광인이 되는 자와
노예가 되는 자의 이름은
다만 하나일 뿐이고
그것의 이름이 나였다
심장을 재로 바꾼 그의 영혼에
내 육신을 순교한다
이제 눈으로 다시는 사랑을 보지 않는다

모래의 노래

삼베 씌운 발자국 찍으며 두 개의 발굽이 사막을 지나갔다
스스로 무너지는 구멍 속에 바람이 운다
누가 나를 찾을 수 있겠는가
이제 너희들과 내 발굽의 간극으로
먼지의 신기루가 선다
모래와 모래의 협곡으로 흘러내리는 모래
하얗게 뼈를 말리는 그림자가 지나갔다
들어가서 다시는 나오지 않기 위하여
모래의 혀로 눈썹 축이며 길을 버린다
작두날 같은 초승달이 바람을 찢고
삼각 천막 위로 쌓이는 먼지
하나의 생명도 없는 어둠과 바람의 제국에
폭죽처럼 터지는 주먹별
두 마리 전갈이 지상에서 마지막 사랑을 하고 모래로 돌아간다
바람과 별과 태양의 시간을 지우며
두 개의 발굽이 사막으로 들어갔다
모든 것의 이름은 모래

그렇게 될 것들은 결국 그렇게 되는 것
다시는 나를 찾지 마라

음독(陰毒)의 방

이제 내 사랑이 아니다 독백하지만
내 사랑이다
돌로 짓이겨도
찢을 수 없는 마음
물살 흘러간다

바닥을 기어가는 채송화에
눈부신 햇살 왔다 가고
풀밭에 뿌려진 해바라기 저 홀로
대궁 키워간다

눈을 들어 바라보는 것들 가시 되어 찌른다
자책은 심장을 재로 만든다

나는 문밖에서 시간을 견딜 자신이 없다
마른 장미꽃 거꾸로 걸린 방
소금이 되기로 한다
하얗게 나를 잊기로 한다

>

열쇠를 물고 모래사막으로 날아가는 까마귀

천천히 그리고 오래도록

뼈에서 통증이 빠져나간다

파 씨를 뿌리다

삽으로 뒤집은 텃밭을 부드럽게 고른다
아궁이의 재를 퍼 밭 위에 뿌린다
검은 파 씨를 뿌린다

바짝 말라 열매처럼 굳어진 파 씨는
깊은 어둠 속에서 숨을 터뜨리고 깨어날 것이다

모든 목숨은 고립된 어둠 속에서 최초의 숨을 쉰다
어둠의 시간들이 머리에 푸른 싹을 달아준다

얼음 발자국

흰 눈에 첫 발자국을 찍을 때
그때는 아무도 아프지 않았다
눈에 발자국을 찍으며 자꾸만 멀리 갔다
돌아보지 않은 발자국들이
아름다운 길을 내며 따라왔다
바람이 불고 비가 내리고
먼 길을 홀로 되돌아왔다
처음으로 돌아가기 위하여
한 발씩 거슬러오는 길
내가 찍고 온 발자국마다
얼음이 박혀 있다

산책자

오늘은 산책하며 길에 대해 생각합니다
그리고 당신에 대해 생각합니다
움막 뒤편으로 흔적만 남은 오솔길이 있습니다
길을 따라가면 혼자 죽고 스스로 넘어진 나무가
껍질 벗겨지고 슬어 소멸해가는 모습을 봅니다
돌담과 구들장만 남은 옛 집터들도
드문드문 흩어져 있습니다
그곳에 가면 돌 위에 앉아
그들의 모습을 상상해봅니다
숲에 갇힌 아이들 웃음소리
흙집 굴뚝으로 솟는 연기
마당 화덕에서 산나물을 데치는 여인의 주걱질,
창호지 틈으로 스미는 물소리 바람소리
이 길은 그들의 남루한 생을 연결한 실핏줄이지요
나는 무엇을 바라 오늘 이 길을 걷고 있는가
바람이 없는 삶을 꿈꾸며 산으로 들어왔으나
어떤 바람을 안고 길을 걷는 사내를 봅니다
나는 나에게 합당한 것을 꿈꾸는가

만져지고 느껴지는 대상을 바라는가
잠복한 몽환을 끌어내줄 매개를 바라는가
당신은 내 몽환의 사랑을 완전하게 해줄 현재입니다
내 안에 일어나는 마음은 당신 것입니다
당신은 내 정신을 퍼 올릴 두레박
구속하지 않아도 곁에 있어야 합니다
육신이 저 길을 막는 나무처럼 소멸해갈 때가지
내 안에 무엇이 있는가 퍼 올릴 것입니다
당신이 그 주인이길 원합니다
내 입술이 닿지 않아도
사랑에 상처주지 않고 사랑할 것입니다
이것이 오늘 내 산책입니다

목련이 데려간 날들

숭.숭.숭. 구멍 뚫린 블록 담길
목련이 목련을 기웃거리며 피었다

나는 가물거리며 모퉁이 남해슈퍼로
걸어간다 저 흰 목련에게 들키며, 박수를 받으며,
백주의 그림자 가볍다

검은 비닐봉지에 막걸리 두 병
드르륵, 이빨이 맞지 않는 문이 닫히고
나는 또 햇살 부서지는 골목길로 내몰렸다

담 밑 평상에 앉아 봉지를 열면
짓눌려진 쥐포 비린내가
순한 개 한 마리를 데려왔다

검은 봉지처럼 골목을 밀려가고
밀려오는 사이,
목련은 하얗게 피고

하얗게 죽었다 어떻게
단 하나의 꽃잎도 없을까?

저 참담한 요절 앞에서
나는 왜 이렇게 더디게 죽어 가는가
길바닥으로 빈 막걸리 병이 굴러갔다

살을 발라낸 모든 뼈는 악기다
이유 없이 나는 악기가 되고 싶었다

배꼽

계곡이 꽝꽝 얼었다. 여름 큰물이 지나갈 때 뿌리 뽑혀 죽은 나무들. 토막을 내어 지게에 얹는다. 얼음 밑으로 흐르는 물을 엎드려 마신다. 물가를 따라 몇 그루 고로쇠나무가 흩어져 있다. 얼음이 풀릴 때쯤 나무 밑동에 구멍을 내어 수액을 받아먹는다.

엄지손가락만 한 구멍을 나무는 스스로 아물려 배꼽을 만들어놓았다. 여러 개 배꼽 자국이 있는 늙은 고로쇠나무 아래 앉아 얼음 덮어쓴 물소리를 듣는다.

내 어머니는 이승에서 일곱 개의 배꼽을 만들어놓으셨다. 어떤 밤에는 내 아문 배꼽을 풀어 무덤 속 어머니의 자궁으로 들어가 웅크리고 싶었다.

3일간 독주(毒酒)

방문을 열고 숲을 내다본다. 겨울 숲의 빛깔은 단순하다. 화려한 꽃잎들 짙푸른 잎사귀들은 사라지고 쪼그라진 열매들이 주름 속으로 제 몸을 구겨 넣는다. 그 숲의 가지를 옮겨가며 단음절의 독백을 반복하고 있는 새들의 옷 빛깔도 쓸쓸하다. 몸을 숨기지 못하는 자들의 노래는 슬프다.

새벽 달빛에 비틀거리는 몸 들키며 2킬로미터의 산길을 올라와 움막 한 채, 이곳이 내 한 몸 누일 곳이라고 쓰러져 웅크려 겨울 열매 같은 주름을 접는다. 흐트러진 이불과 표지가 떨어져 나간 전화번호 수첩을 머리맡에서 확인한다.

앙상한 가지를 옮겨 앉는 겨울새처럼 낡은 기억의 번호들을 건너다니며 나는 어떤 쓸쓸한 독백을 되뇌었을까. 떠나고자 한 곳에서 떠나지 못하고 지우고자 한 기억에서 도망치지 못하는 것. 6년 만에 마신 3일간의 독주(毒酒)는 쓴물의 구토를 보여주듯 끝내 내 안에 사라지지 않고 있던 연민의 소로(小路)들로 나를 이끌고 다녔다.

죽음의 거울

통나무 의자 기대 있는 흙벽
사각 유리창 붙어 있다

숲을 반사하며
쨍쨍하게 빛나는 거울

바닥을 치며 이륙한 산꿩 한 마리
유리창에 이마를 찧는다

한낮의 빛이 잠깐 떨린다
유리의 잔주름 지워진다

붉은 산초 열매

장맛비에 헐려나간 계곡
산초나무 뿌리가 뽑혀 거꾸로 매달렸다
몇 가닥 뿌리를 움켜잡고 수분을 끌어올린다
가시 돋친 가지 끝마다 붉은 산초 열매 달려 있다
목을 허공으로 들기 위해 조금씩 휘어진 가지들
희망은 고개를 들어 하늘을 보는 것
비탈에 기울어진 산초나무 붉은 열매 영글어가고 있다

버닝가트를 바라보고 있는 사진 한 장

몸 태울 장작을 사기 위해
지폐를 세고 있는 늙은이의 주름살이
강물의 주름을 더 깊게 하는 저녁 다섯 시

노를 놓아버린 목선의 뱃전을 건드리고
죽은 양 한 마리 엎어져 떠내려간다
뼈를 가라앉힐 때까지 물결은
저 죽음을 수없이 어루만질 것이다

강물에 몸을 씻고
빨래를 돌에 쳐 때를 벗기는 사람들
저녁 안개가 느리게 빠져나간다

벽과 벽 사이 길에서
썩은 냄새를 유전하며 길들이 얼크러져 있다
그 길을 따라 늙은 순례자들이
무릎걸음으로 건너오는 저녁 다섯 시

갠지스 강물 위에
송판이 벌어진 목선 한 척 떠 있다
그녀의 눈은 버닝가트 굴뚝을 응시한다
장작에 불꽃이 피어난다
검은 스웨터를 걸친, 그녀 눈길 꺼낼 수 없다

나 홀로 가네

제비꽃 피었다. 가던 길 멈추고 그 앞에 쪼그려 앉게 만드는 보랏빛 제비꽃 피었다. 키 큰 꽃들이나 억센 풀들이 자라기 전에 앉은뱅이 몸 내밀어 여린 꽃잎 며칠 피우고 잊히는 꽃. 화려한 군락을 이루거나 처절하게 낙화하지도 못하고 오솔길이나 닭장 울타리 밑에 피었다 사라지는 제비꽃. 개망초 산딸기 우거진 火田 터에 몇 평 텃밭 가꾸며 돌무더기 옆에 호미를 내려놓고 물소리 듣는, 어쩌면 내 삶이 그럴지도 모른다고 생각하게 만드는 제비꽃 피었다.

천둥과 번개

골짜기와 골짜기를 메우며 먹구름 몰려온다
허공의 빛들을 모두 먹어치우며 천만 마리 바람의 말〔馬〕들이 어둠을 이끌고 숲으로 온다
초록의 잎들이 한순간 검게 죽는다
검은 잎들을 후들기고 풀들을 휘몰아가며 사나운 빗줄기가 사선으로 내리꽂힌다
바람의 말〔馬〕을 휘몰아가는 최초의 채찍이 능선을 찢는다
번개가 어둠을 할퀴고 공포에 질린 숲을 확인한다
벼락은 점령지의 고지에 깃발을 꽂으며 진군한다
신음에 갇힌 벼락의 숲을 색출하는 번개의 칼이 번뜩인다
광풍은 오래 머물지 않는다

달맞이꽃

초저녁 군불 지피고 어둑해진 부엌을 나오면
동생 손잡고 문밖을 서성이는 언니 같은 초승달
개밥바라기별 데리고 서성이는 서편 능선

저 달이 아이처럼 자라
온 하늘을 밀고 가는 보름달 되면 추석이다

몇 기 묵뫼가 있는 화전 숲으로
방문자들이 온다
어떤 무덤은 늙은 노인이 찾아와 벌초를 하고
어떤 무덤은 그들의 손자나 손자의 자손들이 벌초를 한다
산딸기 덤불 무성한 잡초들 베어지고
나지막한 봉분 환하다
죽음도 저렇게 한 번은 찾아주는 이 있어 평화롭다

닭을 키우지 않는 닭장 울타리 밑에
애묘보다 작은 봉분 두 개
여름에 죽은 강아지 남매를 묻었다

쇠뜨기 비름나물 여뀌 닭의장풀 우거졌다
노란 달맞이꽃 몇 그루 남기고 벌초를 한다

멀리 어머니 아버지 쌍 봉분 위로
지금 저 달 뜨겠다

풍경소리

추녀 끝에 풍경이 걸려 있다
가을의 방문객이 걸어준 것이다
그녀는 내가 만나본 아름다운 영혼이었다
툇마루에 웅크리고 앉아
먼 능선을 바라보는
그의 모습은 울지 않는 풍경 같았다
그의 삶도 어딘가에 매달려 있으리라
쓸쓸히 매달려 있으리라
긴 말은 해보지 못했다
가끔 내 마음에 풍경소리 들린다

제2부

물봉선화

어둠 저편 어둠 된 산에서 소쩍새 운다. 어둠 속에 웅크려 울컥, 토해내는 소쩍새 울음 더듬어본다. 오후에 그녀가 산을 내려갔다. 밤나무 검푸른 잎들이 천막을 친 응달의 비탈길. 나란히 걸을 수 없는 외길을 따라가며 보랏빛 꽃잎을 보았다. 바람에 흔들려도 떨어지지 못하고 비틀린 채 붙어 있는 꽃잎의 빛깔.

그녀는 서러운 빛깔의 꽃 이름을 물었다.

투견 로트와일러

쇠장도리 거꾸로 박아 쇠줄 걸었다
쇠줄에 끌려 개집 앞 부챗살로 쓸렸다

먼저 살던 풍산개
오줌 눈 자리마다
제 오줌을 누었다
똥 눈 자리마다
제 똥을 누었다

흔적들 모조리 치우고
제 흔적을 남겼다

밥그릇에 밥이 차자
잘린 꼬리 대신 궁둥이가
흔들렸다

대가리는 처박은 채
눈만 치켜떠 쳐다본다

한 바가지 물

물줄기 마른 계곡
한 바가지 물속에
가랑잎 가라앉아 있다
흙먼지 낀 가랑잎에
벌레들 기어 다니며
길을 내었다
한 바가지 물 가랑잎 위에서
눈이 큰 어린 물고기
헤엄쳐 다닌다

눈금이 줄어드는 걸 알지 못한다

밤의 산책자들

별이 사라진 검은 밤이 숲을 감싼다
움막에 켜놓은 알전구 한 알의 빛
고요하고 차고 적막하다
어둠 속에 눈 내린다
눈은 최초의 바닥에 닿고
오므린 가랑잎 손바닥을 채우고
메마른 뿌리를 쥐고 있는 풀들을 덮고
나무를 덮고 지붕을 덮는다
어둠을 깨우지 않고
제 몸에 간직한 빛으로
길을 더듬어 밤새도록 내린다
이사를 가는 별 떼처럼
찬물에서 날아오르는 오리 떼처럼
개체이면서 개체가 없는
묵묵한 풍경의 이동
밤눈이 소리 없이 내린다
나 오래전에 누구의 자식이었으며
친구였고 연인이었다

그들의 상처 위에 밤눈 내린다
시든 목숨에 몸을 얹어
꽃을 만드는
밤의 산책자들

호박꽃 정원

버려진 개 사육장
쇠그물 개집을
뒤덮은 호박 넝쿨

줄기의 끝순들
고리 손을 치켜들고 있다

귀먹은 개들의 창살에
쏟아지는 한낮의 햇빛
호박꽃들이 입 벌려
받아먹고 있다

죽은 개들의 진물을 빨아먹는
검푸른 잎사귀들

아무도 발을 들여놓지 않는다

흔적

비틀어진 소나무 허리 높이에
껍질 벗겨져 있다
송진이 흐르다 굳어 있다

벗겨진 곳에 진흙이 묻어 있다
진흙 속에는 엉켜 붙은
털이 박혀 있다

가려움 참을 수 없는 멧돼지
진흙 구덩이에 뒹굴었다
허공에 들린 발 오므리고
등짝으로 진흙을 비집었다

피 빨아먹는 진드기 진흙에 뭉쳐
껍질 벗겨지도록 비볐다

고통에 집중한 동안에는
흔적의 슬픔 알지 못한다

비밀 정원

다래 덩굴처럼
산속으로 이어진 오솔길
죽어 쓰러진 나무들 스스로 껍질을 벗겨내고 있다
엉킨 덩굴에 매달려 쪼그라든 몇 개 산열매처럼
지워져가는 길의 가지 끝에서
돌무더기 쌓아놓은 흔적만 남아 있는
화전민들의 옛 집터
증거해야 할 아무 자랑도 없이
부서져 내리지 못하는 이끼 덮인 돌 위의 돌
언제부터 자란 오미자 덩굴이
쓸쓸한 흔적의 정원에 공중 그물을 엮었다
스웨터를 장식하는 구슬 같은
오미자 송이가 주렁주렁 열렸다
햇살의 정적을 빨아먹으며 몸을 붉혀가는 오미자 열매
스스로 제 고독을 완성시켜가고 있다

봄밤

능선과 능선의 중천에 보름달 떠 있다
청명(淸明) 무렵
맑고 깨끗한 공기가 달빛에 드러난 봄 산을
포근하게 감싸 안는다
슬픔도 슬프지 않고
외로움도 외롭지 않은데
누워도 잠이 오지 않는 봄밤
꽃잎 하나 물 위에 띄우지 않고
흘러가는 물소리
노란 생강나무꽃 소리 없이 핀다

바람의 장례식 1

꽃잎에 붙어 있던 흰모시나비 하늘하늘 날아간다
원두막에 늙은이 하나 누워서 쳐다본다

수건 없은 목침 고쳐 괸다
둘둘 말린 바지 속
거죽이 허옇게 일어난 정강이뼈

쉬파리 떼의 혀쯤으로는
빨아먹을 수도 없는
말라빠진 두더지 발

가물가물 놓치는 이승의 잠
바람이 염(殮)을 한다

바람의 장례식 2

산비탈 화전(火田)
곡괭이를 내리찍는
저 노인
곡괭이보다 가벼운
저 노인
흙보다 돌이 많은 비탈
하나하나 버린 돌 모여
무덤 이루었다
괭이자루 내려놓고
밭머리 누워 쉬는 날
산비탈 화전(火田)
덩굴 풀 우거져
돌무덤 하나
둥그렇게 남았다

바람의 장례식 3

찔레 덤불숲 저편으로
노랗게 피어 있는 죽도화
억세진 풀 헤치고 들어가니
작은 도라지밭
노인 내외가 흙을 턴 손으로
소보로빵을 떼어 먹으며
페트병에 든 물을 건네 마시다
마침 빵을 다 먹어 어쩌냐는 듯
도라지밭 가장자리
장맛비에 쪼그라진 토마토
두 개 따 손으로 문질러 건넨다
삶을 얼마나 삭혀내야
내 것을 미안하다는 듯이
남에게 건넬 수 있나
만개한 철 지나 찔레 덤불숲에 핀
죽도화 몇 송이 외따로 적막하다

치악역

산머리 뚫고 지나온 기차
두 손바닥 맞대어 받는
산 위
치악역

석탄 열차
느리게 지나가고
이따금 무궁화호 기적소리
흰 구름 띄워

빛바랜 팻말 속 양팔 벌리고 선
화살표
잠시 지워졌다 뻗어가는 길

가지런히 맞댄
손바닥
산과 산 휘감은
채찍!

염소와 노인

노인은 오늘 아침 염소 우리 문을 열어놓지 않는다. 지루한 염소들이 문 앞에 서성인다. 노인은 지게 고리 풀어 한 손 뒤로 하고 염소 우리로 들어간다. 몰려다니는 무리 속에서 간신히 숫염소 한 마리 뿔 거머쥐고 자빠뜨려 다리를 옭아맨다. 버둥대는 염소 끌어안고 수돗가로 간다. 입 벌려 굵은 소금 한 주먹 집어넣고 주둥이를 틀어잡는다. 염소는 입이 닫힌 채 소금을 제 목구멍으로 밀어 넣는다. 눈자위가 허옇게 뒤집힌다. 수건으로 눈 가린다. 짧고 뾰족한 칼로 귀밑 목 쑤신다. 위아래로 흔들어 더 깊이 피 구멍 낸다. 푸륵푸륵 바람소리 내며 검붉은 피 쏟아진다. 찌그러진 양은그릇 받친다. 묶인 뒷다리 들어 높이 매단다. 거꾸로 쏟아지는 피가 목덜미에 엉긴다. 평평한 돌로 옮긴다. 가스통 옮겨 토치램프에 불붙인다. 막대기로 거죽 문지르며 골고루 태운다. 가스 불이 얼굴을 지진다. 눈알이 타고 쪼그라져 감긴다. 늘어진 시체가 탱탱하게 부풀고 뻣뻣해진다. 깨끗이 씻는다. 네 다리 하늘로 향하게 눕힌다. 식칼로 네 다리 도려내 함지에 담는다. 손도끼로 목 내리친다. 끊어진 목 아래부터 뱃가죽 찢는다. 손 집어넣어 목줄 찾아 쥐고 내장 뜯어낸다. 모든 장기가 한 덩어리로 빠져나온다. 간과 콩팥 가려낸다. 쓸개를 끈에 묶어 못에 건다. 위를 찢어 음식물 쏟아내고 깨끗이 빤다. 대장과 소장을 훑어낸다. 나머지 몸통 도끼로 찍어 나눈다. 물 뿌려 주변의 피 닦는다. 돌에 앉아 담배를 피운다. 칠십 먹은 노인은 어딘가로 더듬더듬 전화를 한다.

봄비

숲에 봄비 내린다. 봄비는 아주 조용한 발걸음으로 와서 자기가 방문하는 사물의 귀를 찾아 나직이 위로해준다. 봄비가 건드리는 사물의 소리는 진동하지 않고 안으로 스며든다. 이 부드러운 속삭임들을 모아 마른 가지들은 초롱 같은 물방울을 매단다. 갈대는 말려 있는 잎사귀로 물방울을 받아 들떠 있는 제 몸의 소리를 재운다. 바람을 건너온 시간을 다독이는 마른 풀들. 늙은 밤나무의 거친 껍질 사이로 스며드는 물기. 덩굴식물들의 허공 길이 젖는다. 골짜기를 채우며 능선을 감아 오르는 산안개는 운해의 허공으로 삼각 배를 띄운다. 보슬보슬 풀어지는 흙의 입술은 바닥에 엎드린 여린 싹들의 볼에 연초록 핏줄을 닦아준다. 가지를 옮기며 이슬을 털어내는 후투티 솔새 박새 콩새의 몸이 젖는다. 툇마루에 앉아 하염없이 듣는다. 봄비의 나직한 소리는 참빗처럼 빗겨지는 결 고운 슬픔이 있다. 숲에 봄비가 내린다. 이빨이 간지러운 강아지가 물어다 놓은 운동화 한 짝이 풀밭에 뒤집혀 젖는다.

물에 잠긴 납추

비옷 입은 등짝을 빗방울이 후려친다
장마가 끌고 온 물살이 계곡 벼랑을 뛰어내린다

바동거리는 지렁이를
손가락으로 끊는다

부글거리는 거품 속으로 가라앉는 납추 하나
폭포를 집어삼킨다

물총새 한 마리 검게 앉아
고요를 듣는다

첫서리

끝물 호박 넝쿨
뿌리 쪽 줄기 바짝 말랐다.

줄기 끝에 핀 호박꽃
한약 짠 광목 주리 틀린 호박꽃
애기호박 달렸다.

커다란 잎사귀부터
노랗게 물들기 시작한다.

너무 멀리 왔다.

제3부

들국화

손길이 닿자마자 서리가
녹아내리는 것
지금이 최선이라고 맹서하는 생 앞에
서리처럼 나를 녹이는 온기가 잠복해 있다는 것

나를 녹이는 것
스스로 규정지은 맹서를 우물처럼 들여다보는 것
매복된 기습에 굴복하는 것

마른 뼈 사이로 헝클어지는 바람
고통을 응시하는 직립(直立)
저 서리서리 찬 얼굴

돌이킬 수 없다는 말이다
슬프다는 말이다

얼음의 시간

바위계곡 뛰어내리던 물
코끼리 이빨처럼 얼어붙었다
얼음 뚜껑을 덮어놓은 벼랑 아래 소(沼),
봄바람이 불어온다
검은 이마에 잔설 덮고 침묵하던
바위 목에 얼음 칼이 헐거워진다
고드름에 최초의 물방울이 맺힌다
벼랑 밑 그늘에서 완강하던
얼음에 구멍이 뚫린다
물의 숨소리가 들린다
물의 혀는 두꺼운 얼음에
반월(半月)의 칼날을 세운다

황폐한 저녁

이것이 내가 꿈꾸던 저녁이었는가
장마 지나가고
빗방울이 튕기고 간 모래알
마당에 흩어졌다
온 하루를 먹기 위해
제 다리를 고단하게 움직인 닭들이
초저녁 별처럼 귀퉁이에 모여 있다
닭을 쫓아낸 개가 쉬고 있는
문밖의 마당으로 저녁이 고인다
그리움은 먼 곳에 있고
나는 내 안의 그것들을 몽롱하게 그리며
어둠이 오는 저녁 마당을
보고 있는 것이다
지금, 어떤 이는 절망하며 사랑과 결별하고
어떤 이는 통증 없이 삶과 이별하는
세상의 저녁을 보는 것이다

붉은 저녁

너무 먼 숲으로 떠나왔다.
황금빛 나비가 날아간 저녁의 능선을 오래도록 혼자서 견뎠다.
골바람이 계곡의 마른풀을 쓸고
나무와 나무들의 비탈을 지나간다.

노을 빗겨 걸린 전나무 꼭대기에서 까마귀 운다.
가시덤불 속 작은 새들의 눈빛이 불안하다.

바위들의 골짜기로 멀리서 온 물줄기 흘러간다.
저 흘러가는 발자국을 거슬러
이슬 묻은 어스름이 오고
일찍 나온 별의 눈썹이 흔들린다.

조금씩 흐려지는 숲에
어디로도 갈 수 없는 자의 우울한 불안이 쌓인다.
시간의 낯설음은 한순간
모든 영혼의 다리를 잘라버린다.
뿌리가 없어진 것들이 흘러 다닌다.

>

저 붉은 노을이
모두를 나그네로 만드는
이 그림자들의 시간에
나는, 바람의 말을 듣고 그대 젖은 눈을 본다.

빙어

방문을 여니 차고 깨끗한 하늘이
얼음처럼 펼쳐 있었지요

투명한 얼음장 아래
숨 멈춘 듯 서 있는 겨울나무들

얼음 해저의 바닥을 달그락거리고
등딱지 차가운 게 한 마리 눈 껌뻑이는

그때, 은비늘 반짝이며
쏜살같이 사라진 제트기 한 대

오막살이 한 채

열여덟에 집 나가 길 잃은 딸
삼십 년 넘어 만난 음성 어디 요양원
수녀의 손을 잡고 나온 쉰 넘긴 딸이
해죽이 웃으며 '아부지' 했다

여행자의 석양

일찍 우는 새의 부리에 가을이 묻어 있다
전나무 기어오른 담쟁이 붉게 늙었다

전생을 기어오르고도
허공에 이르지 못했다

추운 곳에서부터 흘러내리는 능선의 물결들
고독한 자의 피만이 하부를 붉게 적신다

너 없이 견디는 나의 이 시간들이
너를 병들게 한다
그 힘으로 여기까지 왔다

빗장을 걸듯
어떤 결심이 오는 때가 되었다
나만의 시간 속으로 떠날 준비를 한다

내 갈 곳은

지금보다 먼 곳

내 천성의 식탁은 고독이다

호박 한 덩이

파밭을 타 넘어, 부추밭을 타 넘어
망초 숲으로 돌진하는, 쭉쭉 뻗어가는
외줄기 호박 넝쿨

깃발 꽂듯 촘촘 솟아나는
저 사념 없는
씨 없는 꽃, 꽃들
하루 비바람에 툭툭 지는 호박꽃들

폭주하는 대가리를
낫으로 친다

진물 흘리며, 겨드랑이 비집고, 갈비뼈를 비집고
무수한 길들이 튀어나와

비로소 뿌리의 소리를 듣는
순한 다족의 식물이 되어
느릿한 밤들을 기어

이슬과 별과 바람의 진액 빨아먹고

더디게 영그는
누런 호박꽃 빛깔의 호박 한 덩이

황금 그물

바위산 돌 연못
온몸 비틀어 비탈에 선 단풍나무
핏빛 손바닥 잠겨 있다

찰랑이는 물결 뚫고
바닥까지 펼친 황금 그물 속에서

한 번도 물 밖을
나온 적이 없는
금빛 거북들
낙엽의 가시를 바르고 있다

산그늘 수면을 덮자
황금 그물은 금빛 거북을
건져 사라졌다

먼지는 물속까지 들어가
돌멩이 등에 쌓여 있다

가시 감옥

내 움막 마당에는 혼자 사는 닭이 있습니다
언 땅을 파헤치며 온종일 돌아다녀도 주먹만 한
자신의 모이통을 채우지 못합니다
개 밥그릇을 기웃거리다 구박을 당합니다
그는 벽에 쌓아놓은 장작더미에서 잡니다
겨우내 장작을 빼다 때서 이제 그의 집은 거의
평지가 되었습니다 하루씩 집이 낮아지고
그만큼씩 닭은 지상이 두려워집니다
그래도 그는 별을 보고 잠들고 바람소리를 듣고
꿈을 꿉니다 어둠이 가시기도 전에 언 마당을
기웃거리며 먹을 것을 찾아 돌아다닙니다
햇살이 퍼지는 오후에 그는 잠시 몸을 쉽니다
그가 쉬는 곳은 온몸에 가시가 다닥다닥 붙은
해당화 꽃밭 속입니다 잎도 꽃도 없는 앙상한
줄기들의 가시 감옥 속에서 그는 비로소 몸을 쉽니다

진눈깨비

결승선에 들어와 바로 쓰러지는
마라톤 선수처럼
나무에, 풀에, 땅에 닿자마자 녹아버리는
진눈깨비가 내립니다
저 탈진한 하강이
우울이며 희망입니다

쪽창 커튼을 열면
한 뿌리에 두 가지로 뻗어간 밤나무가 보입니다
한쪽 가지는 거의 죽었습니다
야크의 뿔처럼 딱딱합니다

물이 돼버린 진눈깨비가
한 가지를 살리고 한 가지를 죽입니다
내 안에 무엇을 버려야
새롭게 태어날 수 있을까요

장롱을 들어낸 방바닥 같은 아침입니다

그러나 봄이 오고 있습니다
진눈깨비 녹는 물에 걸레를 빨아
누추한 마음의 방을 닦습니다

진눈깨비는
그대에게 보내는 내 근황입니다

거울

빈방, 개어놓은 이불 한 채 있다
3단짜리 서랍장 위 턴테이블
검은 LP판이 돌아간다
〈막스 브루흐〉 첼로곡이 흐른다

문을 열 수 없는 쪽창
낡고 휘어진 책꽂이
정돈되지 않은 책들이 입을 다물고
괘종시계의 시간은 죽어 있다
시간의 통증에서 도망치고 싶은 자가 이 방의 주인이다

창호지 빛깔이 변해 있는 방문을 열고
한 사내가 들어온다 헝클어진 머리
작업복은 한 번도 빨지 않은 색깔을 하고 있다
방바닥에 깔린 등받이 의자에 앉아
천장에서 줄을 늘인 지등(紙燈)에 불을 켠다

장미, 혹은 붉은 간에 무명실을 그어대던 첼로의 선율

바늘이 삐거덕 소리를 내고 자리로 돌아온다
침묵이 흐르는 방에 노란 불빛 번진다
담배를 물고 불을 붙인다

느리게 거울을 흘러가는 연기
눈을 들여다보는 눈
사내는 중얼거린다
제 얼굴만 한 슬픔이 어디 있는가

내 안에 나는 못 박혀 있고
삶은 때로 어긋나는 것이 아니라 늘 어긋나는 것이다

구곡사*

채마밭에 헝클어진 토마토 줄기
흙탕물 얼룩진 파란 알갱이
비려서 먹을 수가 없다

잎사귀 그늘 아래 떨어져 쪼그라진 버찌
불개미 들끓었다 그늘 속 쓰름매미
입술이 자줏빛으로 물들었다

늙은 산벚나무들 한낮의 진물을 빨아먹고
머리에 수건 쓴 늙은 중 하나
고추밭 매고 있다

돌계단 끝에 비석 집만 한
암자 하나
풍경도 목탁도 졸고 있다

---

*여주 가업리에 있는 암자.

협죽도

외줄기 꽃대 보살 방울 단 자줏빛 협죽도
입추 지나는 바람이 목울대 잡고 방울 흔든다
끝까지 갈 수 없다고 파란 밤송이 떨어진다
명아주 몸을 친친 감은 며느리밑씻개 가시 돋친다
구덩이에 재를 묻고 호박 모종 심을 때는
코끼리 귀만 한 잎들은 생각하지 않았다
크지도 못하고 늙어가는 끝물 오이 몇 개
새로 피는 별 모양 노란 오이꽃은
더 이상 열매를 달지 못하리
누에를 먹이지 못한 산뽕나무 잎 억세지고
매미소리 드릴 구멍을 뚫는다
늙은 꽃잎 벌려 젖을 물리고 있는 협죽도
검은 제비나비 한 마리 환생을 더듬고 있다

무서운 밥상

딱딱한 무엇이 쪼개지듯 잠에서 깼다
숲에 안개가 자욱했다
여러 새들의 울음이 섞여 들려왔다
먼 데서 까마귀 울음도 들렸다

머리맡에 밀어놓은 밥상이
죽은 시계처럼 고요했다
아버지와 둘째 형과 나,
틀림없이 셋이서 밥을 먹었는데
밥상에는 수저가 없었다

우린 분명히 둘러앉아
곁눈질로 확인하며 말없이
숟가락질을 했는데 밥상에는
국그릇도 밥그릇도 없었다
불 켜지듯 사라졌다

꿈과 생시가 뒤섞인 밥상이 갑자기 무서웠다

아버지는 1986년 6월에 돌아가시고
둘째 형은 3년 앞선 해 8월에 돌아가셨다

그 저승 잠이 불편한가 아니면
내 이승의 밥그릇이 두려운가
참으로 기이한 미명(未明)이었다
아무튼 우리는 한때 의지한 가족이었다

싸리 단풍

귀에서 흐르는 고름 손가락으로 후벼 옷에 문지르던 빡빡머리 영득이

고구마를 쥐고 흘러내린 코를 아랫입술로 빨며 서너 살 더 먹은 형을 쫓아다니던 영득이

뒤란 우물에 서리 끼고 두레박에 살얼음 언 날 군용 담요에 쌓여 지게에 얹혔다

쇠죽통에 얼굴이 닿도록 허리 꼬부라진 영득이 할아버지 사람이 다니기 전에 개울 건너 앞산으로 갔다

능선 넘어 퍼지는 햇살 서리 맞은 잎마다 어룽거렸다

싸릿가지 우거진 구릉의 금빛이 눈부셨다

제4부

봉숭아

불볕에 드리운 그림자 어스름 녹아들어
저녁에야 보이는 저 꽃

물들어도
물들어도
너를 몰랐다

불같은 몸 핏줄 모두 터져
흰 뼈로 툇마루에 앉은
바람 한 줄기
꽃잎마다 스며 있는 노을의 혀

참회마저도 슬픔이 되지 않는 저녁

면목 없이
네가 그립다

장화 속에 앉은 먼지

먼 도시에서 이곳을 가끔 방문하는 이가 있었다
도시적인 명랑함과 숲의 고요를 동시에 간직하고 있는 사람이었다, 그는
내 움막의 양편으로 뻗은 첩첩한 능선과
골짜기 사이로 저 멀리
푸른 하늘이 호수처럼 잠겨 있는
이 높이의 전망을 좋아했다

그가 사는 도시 가로수들이 연분홍 벚꽃 망울을 터트리면,
그곳에도 산벚꽃 흩날리느냐
문득 소식을 물었다

어느 봄,
골짜기 아래부터 산벚꽃이 초록 능선에 연분홍 수를 놓으며 올라올 때
기별도 없이 꽃처럼 웃으며 그가 왔다
계곡물을 건넌 그의 운동화가 젖어 있었다

보랏빛 물봉선화 시들어가는 오솔길을 걸어
내 낡은 장화를 버리고 새 장화를 사기 위해 시장에 갔다, 진열대 위에 놓인
230밀리미터 발목이 가는 장화에 눈길이 멎었다

다시, 산벚꽃 잎은 움막 지붕에 흩날리고
검은 비닐봉지에 담긴 채
부엌 선반에 놓인 장화에
그을음이 끼고 먼지가 앉았다

이 참혹한 불멸

그래, 사랑이 가고 사랑이 오고
나를 번복하고 나를 의심하고
비로소 나를 불신하게 되었을 때
서리 묻은 아침 꽃처럼
네가 스스로 있을 때,
온 밤을 밀고 가는
저 둥근 달처럼
참혹한 이 사랑을 견디고 싶었다
그러나 그리하지 못했다
나를 변명하고 나를 옹호하는 밤이 지나
혼잣소리의 아침이
문창호지 검은 껍질을 벗긴다
나를 구겨 넣기 위해 소주를 마신다
깊은 굴속으로 흘러내리는
차갑고 구불거리는 불멸
통점을 긁고 가는 냉소여!

밥

찬바람 분다.

다람쥐가 밤나무 그루터기에 앉아 식사를 한다. 허리를 곧추 세우고 작은 두 손으로 받쳐 든 알밤을 빙글빙글 돌려가며 껍질을 벗긴다. 어찌나 정성스레 벗기는지 이빨 자국 하나 없이 노란 속살이 나온다. 연신 사방을 두리번거리며 오독오독 깨물어 먹는다. 작은 소리 하나에 입을 딱 멈추고 숨죽이는 다람쥐 눈빛.

지상의 차가운 한 끼 식탁 위로 가랑잎 흩날린다.

세레나데 1

내 움막 뒷산 쪽으로 창이 있습니다
문을 열 수 없게 만든 유리창입니다
아랫목 벽에 등을 기대고 바라보면
한 장의 겨울 숲 사진이 됩니다

서리 가루에 햇살이 부서지는 시간입니다
억새들 흰 머리가
소매 속에 손을 집어넣고
담장 아래 모여 있는 노인들 같습니다
계곡물을 받아두는 노란 물통 옆
싸리나무 가지에는
비틀어진 잎들이 방울처럼 달려 있습니다
물푸레나무를 휘감은 다래 덩굴,
서로 뿌리치고 달려온 시간을 잊고
마른 뼈들이 엉켜 있습니다

침묵하는 자들의 정맥으로
갈색 피가 흐르는 계절입니다

그대에게

묵묵하다…라는 말로 시를 쓰고 싶다고 한 적이 있습니다
팔짱을 끼고 숲을 바라보며
마음을 보듬어 묵묵함으로 채우고 있는 중입니다

찰랑이지 않고 오래 고여 있는
깊은 거울을 만들어
지울 수 없는 겨울 정물화를 그립니다

세레나데 2

지금 마음의 채로 울린 징에서
듣고 싶은 하나의 울음을 들었습니다

귀를 열어놓고 있는 세상 모든 이들이
들을 수 없는 소리를
잔설이 덮인 이 설산의 아침에
한 사내가 들은 것입니다

당신이 먼 곳에 있어서도 아니고
당신이 눈에 보이지 않아서도 아니고
바로 당신이기 때문에
이제 견디는 것은 내 생의 몫입니다

숲에 들어와
온 산을 뒤덮은 눈꽃을 보며
아름다움에 묻어 있는
깊은 슬픔을 보았습니다
그때, 오고 감에 자유롭지 못하다면

이곳에서 살 수 없다는 것을 알았습니다

당신으로 인해 내가 아프면
그것은 영혼을 성장시킬 것입니다
나로 인해 당신의 뼈가 시리면
기쁘지만 오래 슬플 것입니다

흰 산

자작자작 눈 내리고

생장작 탁탁 털어 아궁이에 넣는다

맹물 가마솥 자박자박 어스름 스민다

물기를 쥐어짜며 일렁이는

불의 거울에 얼굴 비춘다

나를 태운 이들은 눈물 흘렸다

자작자작 눈 내리고 아궁이 재가 식는다

검은 나무들 말없이 흰 옷 입는다

가뭄

바늘솔잎 갉아먹는 송충이들 등짝에 땡볕은 쏟아지고 지붕 없는 집 멧새 새끼들 붉은 입을 짝짝 벌렸다.

모래알 반짝이는 산골짜기 샘 간신히 몇 양동이 물을 떠 주저앉은 고구마 싹을 묻은 늙은 농부의 손바닥이 갈라졌다.

소쿠리 맨 지게에 흙 턴 연장을 얹은 늙은 농부 멀거니 바지춤을 내리고 자신의 오줌으로 손바닥을 씻었다.

장미

먼지로 만든 조각
벽지에 박힌 꽃무늬

저 열 송이 장미는 한때
붉고 푸른 핏금이 그어질 듯 살아
한 사람에게 바쳐졌다

한 다발 장미에
갇히지 않는 사랑

서로에게 가시 문신을 새기며
감당한 시간이
불같은 축복이며 지옥이다

화병에 물이 마르고
떠날 것은 떠나고 남을 것은 남는다

살아 있는 장미는 현재에 바쳐지고

거미의 집이 된
저 죽은 장미는
추억에 바쳐진 것이다

증발한 기억 열 송이
아무도 떼어내지 않는
장미가 걸린 벽

한낮

세상이 궁금해 굴을 나온 토끼
금방 개에게 쫓긴다

봉숭아 꽃밭 속으로 돌진하는 토끼
꽃 대궁 짓밟으며 추격하는 개

두 목적이 지나간 꽃밭으로
하나의 길이 생긴다

사력을 다해 도망치지만
갈 곳이 없다

앞발에 눌려 목울대를 물린 토끼
목숨 얻어 한 마디가
'끼익' 비명이다

개는 졸고
토끼는 제 집 양철지붕에 얹혀 있다

>

그늘이 지면

개복숭아나무 아래 파묻힐 것이다

섬

숲 아래부터 안개가 올라온다. 안개는 물소리 흘러가는 바위 계곡을 덮고 비탈을 덮고 나무와 나무 사이에 스민다. 낙엽송들의 숲이 안개에 휩싸인다. 출렁이지 않고 밀려오는 안개의 수면이 산정으로 부풀어 오른다. 안개 속으로 사라져가는 숲의 나무들이 자신의 고독 속으로 들어간다. 나무와 나무 사이의 간격은 공허하다. 나무들은 고립된 섬이 된다. 안개에 휩싸인 숲의 이쪽에서 저쪽으로 걸어가는 것은 한 척의 쪽배를 타고 나무들의 군도(群島)를 쓸쓸히 표류하는 것이다.

혼자 중얼거리다

잠든 동안 눈이
이불을 덮어주었다

삶을 괴로운 것이라고 생각지 말라고
겨울나무들은 제 몸을 꽃으로 만들었다

내가 생각하지 않는 동안에도
염려하고
격려하고
위로해주는 눈길이 있다는 것

외로움이란 그런 것들을 가끔 잊어버리는 것이다
그리움이란 어느 날 문득 그런 것들을 떠올리는 것이다

빈집

몇 밤 짐승처럼
자신을 망친 사내

빈집 끌고
빈집으로 들어온다

방바닥에 죽 그릇
숟가락 등으로 건더기 밀쳐내며
국물을 입으로 가져간다

다리 없고
머리 없는
굴참나무 기둥
낡은 천장을 받치고 있는

안간힘 쓰고 있는
빈집

몇 송이 저녁 눈
쓰린 국물처럼 빈집에 스며든다

일식(日蝕)

꽝꽝 언 아침

수탉 한 마리
암탉 두 마리, 계사또 초란이 명월이

닭 모이 한 바가지 푸고
얼음 찬 물그릇 뒤집어 두들겨 쏟고
찬물 채워 면회 가듯
닭장으로 간다.

횃대에 앉아
허공에서 눈 똥 하얗게 얼었다.
똥구멍이 얼고 혓바닥이 얼어
말이 없다.

암탉, 명월이
철망 앞으로 막 퍼지는
햇살 방석에 쪼그려 졸고 있다.

눈꺼풀이 내려와 눈알이 닫힌다.

초승달처럼 내려오는 눈꺼풀
하현처럼 저무는 눈동자

날개를 접어
겨드랑이나 덮다 가는, 관념
죽은 닭은 금방 가벼워진다.

봄날

평온이든 고통이든
오래 지속되는 것은 함정이다.

문득, 국화 꽃송이 속에서 하얗게 웃으며 그는 하늘 정원으로 돌아갔다.

엎드려 절을 하고 입술에 시뻘건 육개장 국물을 묻히며 남은 자들은 그의 흰 웃음에 조롱당했다.

'네가 난 놈이다. 곧 만나자'
혀 꼬부라진 글씨로 이승의 명부를 적었다.
동창인 친구 부인에게
'상복이 섹시하다……' 중얼거렸다.

온종일 비틀거리며 주문진 항구를 흘러 다녔다. 양양 어느 펜션 화장실에서 손가락을 목구멍에 쑤셔 넣어 구토를 했다. 항구가 뱉어놓은 구역질이 폐 속으로 스며들었다.

넋이 나간 듯 삼일 동안

끌고 다닌 기사에게 택시비는
가을꿀 따서 줄 것이라 큭, 큭 웃고
비척대며 산길을 올라왔다.
전나무 숲길 중천의 햇살이
바늘 화살로 눈에 쏟아졌다.
내 집 오르는 오솔길 중턱에 뱀처럼 뒤집혀 잠들었다.

황폐하게 올라온 적막한 마당
해당화 수십 송이 화사하게 피어 있었다.
기다리다 홀로 피었다고 했다.

언젠가 와본 듯한 이승의 봄날과
언젠가는 돌아가서 봐야 할 저승의 봄날이
마당에 뒤섞여 가물거렸다.

달
—박재연 시인께

소리에도 제목을 붙이고
침묵에도 이름을 단다

이 고요를 누가 듣느냐

그러나 이 새벽에 또 이름을 단다
우매하여 시인은 슬프다

귀뚜라미 지쳐 잠들고
소쩍새 어디 갔느냐

지붕에 밤 떨어지는 소리
가을 깊어가고
나는 무엇으로 깊어가느냐

몸을 헐어
어둠을 흐린들
눈부신 부끄러움만 우리 이름이다

해설

어느 단독자의 산책

우대식(시인)

1. 인연

십 년은 족히 넘었으리라. 누구나 한때가 있듯이 나도 한때가 있었다. 먼 곳으로 더 먼 곳으로 가기 위해 술을 마시고 시를 쓰던 무렵의 어느 초여름이었다. 그때 나는 양산 통도사의 말사인 어느 절 계곡에서 온몸을 씻고 단정히 앉아 있었다. 전날 늦도록 마신 술기운이 다 꺼져갈 무렵 함께 동행한 고영 시인이 내게 원주로 가보는 게 어떻겠냐는 제안을 했다. 나는 단번에 거절했다. 그곳은 내 고향이었기 때문이다. 아직 가까운 일족들이 원주에 살고 있었지만 고향에 가는 일은 괴로웠다. 명절이 되면 새벽같이 나섰다가 차례를 지내자마자 빠져나오곤 하던 곳이 내게 고향이었다. 이제 돌아가신 아버지나 어머니의 신산한 삶을 떠올리는 일이 싫었다. 그러나 원주 금대리라는 말에 호기심이 생겼다. 어릴 때 소풍 비슷하게 가끔 놀러가곤 하던 곳이었기 때문이었다. 금대리 치악산 자락 해발 700미터에 고영 시인이 아는 형이 혼자 용맹정진하며 살고 있다는 것이었다. 쉽게 사람을 못 사귀는 나로서는 부담스러운 일이었지만 어차피 나선 길이니 한번 가보자고 차의 방향을 원주로 잡았다. 밤늦게 도착하여 치악산국립공원 안을 한참이나 올라가 차를 대고 계곡물을 네 번이나 건너 산에 오른 후 정용주 시인을 만났다. 무어라 해야 하나. 나는 단번에 그를 알아보았다. 나는 그도 아마 그랬을 것이라고 생각하며 지내왔다. 그와 나의 교분은 깊어갔다. 한 열흘을 함께 살던 어느 겨울을 나는 잊지 못한다. 『현대시학』에 연재했던 요절 시인에 관한 글을 단행본으로 내기 위해 그의 움막에서 글을 손보던 그해 겨울, 그와 나는 각방을 쓰며 낮에는 자고 어둠이 내릴 무렵 방에 군불을 때기 위해 얼음을 깨고 물을 길어 가마솥에 물을 채우고 나면 각자 방에서 각자의 일에 골몰하였다. 새벽 4시쯤 살짝 얼은 김장김치를 썰어 얹은 비빔국수를 참으로 내주며 그는 연신 내게 몇 잔의 술을 권했다. 자신은 술을 한 잔도 입에 대지 않으면서도 오늘 하루도 고생했다고 글 쓰는 일이 정말 힘든 일이라고 차고 맑은 소주를 그을음이 앉은 술잔에 따라주곤 했다. 방문을 열면 흰 눈이 온 산을 덮고 있었다. 그와 내가 진정 도달하고 싶은 곳이 바로 이러한 풍광은 아니었을까. 그러니 그 새벽을 어찌 잊겠는가. 이번 시집에서 그때를 떠올리게 하는 아름다운 시 한 편을 읽으면서 나는 기쁘기도 하고 또 다른 슬픔에 젖기도 하였다.

자작자작 눈 내리고

생장작 탁탁 털어 아궁이에 넣는다

맹물 가마솥 자박자박 어스름 스민다

물기를 쥐어짜며 일렁이는

불의 서울에 얼굴 비춘다

나를 태운 이들은 눈물 흘렸다

자작자작 눈 내리고 아궁이 재가 식는다

검은 나무들이 말없이 흰 옷 입는다

—「흰 산」 전문

그와의 인연은 나를 끝없이 원주로 불러들였다. 그는 몇 년 전 실천문학사에서 시집 『인디언의 女子』를 냈다. 세상에 별로 알려지지 않았지만 그의 시들은 편편이 아름답고 슬펐다. 더러 잔인하도록 대상에 자신을 밀착시켜 낭자한 상상력을 펼쳐 보이기도 하였다. 이번 시집은 더러는 그 연장선상에 있기도 하고 더러는 앞의 시들과는 다른 지점에 도달해 있기도 하다. 어쩌면 시집 제목이 보여주듯이 지독한 운명론적 대결이 이 시집 전체를 관류하고 있는 화두일지도 모른다.

2. 불멸의 사랑 혹은 파멸의 긍정

정용주 시에 나타나는 사랑은 혼돈과 밀착 그리고 파멸과 불멸이 혼재하면서 자신을 가혹한 지점으로 몰아가는 양상으로 드러난다. 그것은 대상을 대하는 그의 태도와 관련이 깊다. 사랑의 대상에 대해 그는 어떠한 객관적 거리도 허용하지 않는다. "두 마리 전갈이 지상에서 마지막 사랑을 하고 모래로 돌아간다"(「모래의 노래」 부분)와 같이 그에게 사랑은 늘 소멸의 빛깔을 띠고 있다.

이제 눈으로 그를 볼 수 없게 되었다
차라리 그것이 나은 것이다
아픈 날들이었다

눈으로 사랑을 보는 것은
보이지 않는 것을 병들게 한다
나는 이제 어느 시인의 시구도 인용하지 않으며
어떤 폐인의 절망도 동조하지 않고
사랑을 말할 수 있게 되었다
사랑의 이름으로
천사가 되는 자와
광인이 되는 자와
노예가 되는 자의 이름은
다만 하나일 뿐이고
그것의 이름이 나였다
심장을 재로 바꾼 그의 영혼에
내 육신을 순교한다
이제 눈으로 다시는 사랑을 보지 않는다

—「불멸의 사랑」 전문

"눈으로 그를 볼 수 없게 되었다"는 선언적인 표현은 사랑의 대상을 보다 철저히 주관적으로 사유하겠다는 의도를 포함하고 있다. 그것은 감각에 의지한 자신의 사유를 믿지 못하겠다는 회의론적 태도에서 비롯된다. 눈으로 보이지 않는 무궁한 사랑의 세계에 대한 진정한 사유를 그는 꿈꾼다. 그는 그 사랑에 육신을 순교하고자 한다. 그의 진정한 꿈은 불멸의 사랑을 이

루는 것이다. 사랑에 대한 그의 회의나 절망은 그가 꿈꾸는 불멸의 사랑으로 인한 원죄적인 속성을 띤다. 또한 순교에 도달하기까지 수많은 인간적 고뇌와 번민이 있듯이 사랑에 대한 육신의 순교도 안타까움, 아쉬움, 그리움, 연민과 같은 숱한 감정의 흔적을 보여준다. "너 없이 견디는 나의 이 시간들이/너를 병들게 한다/그 힘으로 여기까지 왔다"(「여행자의 석양」 부분)에서와 같은 가학적인 사랑의 모습에서 실은 사랑의 대상에 대해 연민을 느끼게 만드는 힘도 이 같은 사정과 관련이 깊다.

어둠 저편 어둠 된 산에서 소쩍새 운다. 어둠 속에 웅크려 울컥, 토해내는 소쩍새 울음 더듬어본다. 오후에 그녀가 산을 내려갔다. 밤나무 검푸른 잎들이 천막을 친 응달의 비탈길. 나란히 걸을 수 없는 외길을 따라가며 보랏빛 꽃잎을 보았다. 바람에 흔들려도 떨어지지 못하고 비틀린 채 붙어 있는 꽃잎의 빛깔.

그녀는 서러운 빛깔의 꽃 이름을 물었다.

—「물봉선화」 전문

이 시는 그의 사랑이 비극으로 끝났다는 것을 암시해준다. "바람에 흔들려도 떨어지지 못하고 비틀린 채 붙어 있는 꽃잎의 빛깔"이라는 물봉선화에 대한 묘사가 바로 그것이다. 비틀린 채 붙어 있는 꽃잎은 시적 화자의 사랑이 얼마나 위태로운가를 상징적으로 보여주고 있다. 차라리 오월의 낙화라면 비극미를 동반했을 터이지만 바람에 흔들려도 떨어지지 못한 사랑의 형상은 쓸쓸하기조차 하다. 이 시의 압권은 마지막 행이다. 서러운 빛깔의 꽃 이름을 그녀가 묻는 장면은 사랑의 결말에 대한 암시이면서 사랑과 연민 그리고 고독 따위의 모든 고통을 녹여내고 있다. 그러나 사랑에 대한 사유가 자기 자신에 이르렀을 때 시의 포즈는 한층 위악적이기까지 하다.

그래, 사랑이 가고 사랑이 오고
나를 번복하고 나를 의심하고
비로소 나를 불신하게 되었을 때
서리 묻은 아침 꽃처럼
네가 스스로 있을 때,
온 밤을 밀고 가는
저 둥근 달처럼
참혹한 이 사랑을 견디고 싶었다
그러나 그리하지 못했다
나를 변명하고 나를 옹호하는 밤이 지나
혼잣소리의 아침이
문창호지 검은 껍질을 벗긴다
나를 구겨 넣기 위해 소주를 마신다

깊은 굴속으로 흘러내리는
차갑고 구불거리는 불멸
통점을 긁고 가는 냉소여!

—「이 참혹한 불멸」 전문

그에게 불멸의 사랑은 자신에게 부과된 참혹한 사랑을 견딘다는 말이다. 그러나 적어도 그가 생각하는 방식의 사랑을 지키지 못했을 때 그는 스스로를 냉소한다. 사랑의 순교는 죽음에 값하는 것이기에 견인적 삶의 태도를 요구한다. 스스로를 변명하거나 옹호하는 태도를 그는 견디지 못한다. 그가 스스로에 대해 야유하는 이유가 여기에 있다. 자신이 그토록 소중히 생각하던 불멸의 사랑을 차갑고 꾸불거리는 내장을 통과하는 술에 비유함으로써 스스로를 조롱하고 있는 것이다. 어쩌면 지상에는 그가 꿈꾸는 사랑은 존재하지 않을지도 모른다. 사랑에 대한 그의 시가 불멸의 사랑을 지향하면서도 그 안에 파멸이 오롯이 그려진 이유도 여기에 있을 터이다.

3. 존재의 경이 그러나 생존의 지겨움

정용주 시인의 시에 드러나는 자연은 예민하고 경이롭다. 따라서 모든 존재들은 빛나고 아름답다. 그러나 한편 자신을 위시한 생존자들의 생존 본능이 살풍경처럼 드러나는 순간, 자연은 지긋지긋한 생존의 현장이 되기도 한다. 사실 이러한 양면적 사실은 자연의 본질에 가깝지만 일상을 살아가는 사람들은 어느 한 면만을 확대 과장해서 세계를 이해하는 것이 일반적이다. 그러한 점에서 그의 시선은 현자의 태도를 보여준다. 어떠한 편견도 없이 사물을 직시함으로써 사물의 본질에 한층 가깝게 도달하고 있다. 나아가 본질적인 사실에 입각하여 자신의 모습을 비추어 봄으로써 세계에 대한 이해의 폭을 한층 확장시키는 것이다.

먼저 살던 풍산개
오줌 눈 자리마다
제 오줌을 누었다
똥 눈 자리마다
제 똥을 누었다

흔적들 모조리 치우고
제 흔적을 남겼다

밥그릇에 밥이 차자
잘린 꼬리 대신 궁둥이가
흔들렸다

대가리는 처박은 채

눈만 치켜떠 쳐다본다

—「투견 로트와일러」 부분

이 시는 한 마리 개의 본능을 통해 생존의 경이로움과 지겨움을 동시에 보여주고 있다. 다른 생명의 흔적을 지우고 자신의 흔적으로 채우려는 치열한 몸짓에 생명력과 비루함이 생생하게 살아 있다. 더욱이 그 수단이 생의 마지막 것인 배설물이라는 사실은 처음과 시작, 죽음과 삶이라는 이분법적 분할이 별다른 의미가 없다는 것을 보여준다. 비루하게 궁둥이를 흔들면서도 먹어야 하는 존재의 비극을 보여줌으로써 생을 이어가는 목숨의 아이러니를 극명하게 보여준다. 먹이를 먹으면서도 끝없이 세계를 응시 혹은 감시해야 하는 투견의 모습에서 인간의 삶을 읽어내는 것은 그리 어려운 일이 아니다. 정용주 시인이 산속에서 투박한 삶을 이어가는 혹은 견뎌내는 이유도 대가리를 처박고 밥을 먹어야 하는 존재의 비극에 몸서리를 친 때문인지도 모른다.

「한 바가지 물」에서는 가뭄철 바가지에 뜬 물에서 눈이 큰 물고기가 헤엄쳐 다니고, 그 물을 마시면서 시적 화자는 생각한다. "눈금이 줄어드는 걸 알지 못한다"(「한 바가지 물」 부분). 자연 속 존재의 순수함에 대한 경이와 연민이 동시에 내포된 시선은 투명하지만 과연 산다는 것은 무엇인가 하는 의문을 우리에게 던지기에 충분하다. 「호박꽃 정원」에서는 풍만한 자연으로 곧잘 그려지는 호박꽃의 실체를 냉철하게 묘사하고 있다. "죽은 개들의 진물을 빨아먹는/검푸른 잎사귀들//아무도 발을 들여놓지 않는다"(「호박꽃 정원」 부분). 식물에서 동물성을 이끌어 내 모든 생명이 서로에게 영향을 미치는 유기적인 관계라는 사실을 보여주지만 읽는 이로서는 섬뜩한 두려움을 느낀다. 일상적 사실의 배반이 주는 충격이 그것이다. 호박잎이 검다는 사실은 식물성을 넘어서 육식의 이미지를 띤다. 원래 자연은 그러한 것일지도 모른다. 우리가 식물과 동물을 나누고 그것들에 과장된 이미지를 부여했을 뿐이다. 이러한 혼재된 사실을 직시하면서 그것들을 생의 알레고리로 이해했을 때 생에 대한 태도는 두 가지로 나누어 볼 수 있다. 하나는 해탈이며 다른 하나는 사실에 대한 몰입이다. 정용주 시인이 택한 길은 후자에 가깝다. "모는 목숨은 고립된 어둠 속에서 최초의 숨을 쉰다/어둠의 시간들이 머리에 푸른 싹을 달아준다"(「파 씨를 뿌리다」 부분)에서와 같이 사물의 존재성에 대한 탁월한 해석을 통하여 존재의 의의를 되새기는 것이다.

비틀어진 소나무 허리 높이에
껍질 벗겨져 있다
송진이 흐르다 굳어 있다

벗겨진 곳에 진흙이 묻어 있다
진흙 속에는 엉겨 붙은
털이 박혀 있다

가려움을 참을 수 없는 멧돼지
진흙 구덩이에 뒹굴었다
허공에 들린 발을 오므리고
등짝으로 진흙을 비집었다

피 빨아먹는 진드기 진흙에 뭉쳐
껍질 벗겨지도록 비볐다

고통에 집중한 동안에는
흔적의 슬픔을 알지 못한다

—「흔적」 전문

멧돼지는 자신의 고통을 치유하기 위해 진흙에 뒹굴고 소나무에 자신의 등껍질이 벗겨질 정도로 등을 부빈다. 네발짐승이 가진 비애를 이 시는 보여준다. 살아가는 것들은 자신이 어떠한 흔적으로 남을 것인지 알지 못한다. 주어진 삶을 치열하게 살아내는 것이 마치 삶의 과업이나 되는 듯이 움직일 뿐이다. 어쩌면 고통에 집중하는 그 망각이 존재성을 증명하는 것일 수도 있다. 이러한 깨달음도 정용주 시인이 자연의 한 장면 속에서 길어 올린 탁월한 상상력이라 할 수 있다. 이렇듯 자연 속에서 존재의 경이로움과 생존의 지겨움을 동시에 느끼면서 자신 스스로 자연이 되어 존재의 양면을 보여주는 자화상 같은 시 한 편을 보자.

마른 뼈 사이로 헝클어지는 바람
고통을 응시하는 직립(直立)
저 서리서리 찬 얼굴

돌이킬 수 없다는 말이다
슬프다는 말이다

—「들국화」 부분

그에게 뼈의 이미지는 모든 생명의 즙이 빠져나간 상태에서 오는 허허로움과 동시에 정신적인 가치와 관련이 깊다. "살을 발라낸 모든 뼈는 악기다/이유 없이 나는 악기가 되고 싶었다"(「목련이 데려간 날들」 부분)나 "흰 뼈로 툇마루에 앉은/바람 한 줄기"(「봉숭아」 부분)처럼 위 시에서도 마른 뼈는 이 세계와 대결하는 완강한 자아의 이미지를 풍기고 있다. 이 오롯한 대결의 자세가 자연 속에서 만난 존재의 양면성 속에 자기 존재를 증명하는 길이라고 그는 생각하고 있다. 그럼에도 불구하고

'슬프다'는 자기 고백은 정용주 시인이 살아온 삶의 편력 어느 지점에 패인 치유할 수 없는 상처의 근원을 뜻하는 것이기도 하다. 그에게 자연 속에서 살아가는 진정한 존재는 "스스로 제 고독을 완성시켜"(「비밀 정원」 부분)가며 "슬픔도 슬프지 않고/외로움도 외롭지"(「봄밤」 부분) 않게 견디어내는 것인지도 모른다.

4. 산책자의 시선—그렇게 될 것은 그렇게 된다

정용주 시인의 관찰자로서의 시선은 구체적으로 그가 산책자라는 데서 비롯된다. 산책을 통하여 그는 다양한 사물을 만난다. 그 사물과 연계된 사랑, 고통, 고독 등의 다양한 감정의 묘사와 변주를 통하여 자연과 인간의 삶에 대한 통찰을 획득한다. 산속에서 살아가는 그에게 산책은 아름다움의 향연인 듯 보이지만 근본적으로 주어진 조건 안에서의 방랑이라고 보는 편이 옳다. 그의 시에서 은일거사(隱逸居士)로서의 면모를 전혀 찾아볼 수 없는 이유도 여기에 있다. 특이한 것은 산책을 통하여 그가 만나는 자연 혹은 사물 속에 내재된 시간에 대한 관념이다. 산책자는 모든 시간의 관념을 산책을 통해 만나는 사물로부터 얻는다. 대개 그 시간에 대한 관념은 도저한 부정성을 내포하고 있다. 그것은 갑자기 대타적인 세계를 마주했을 때 느끼는 당혹감 같은 것으로 깊은 산속에서 혼자 살아온 내력을 담고 있다. 가령 뚝뚝 떨어진 목련을 발견했을 때 "저 참담

한 요절 앞에서/나는 왜 이렇게 더디게 죽어 가는가"(「목련이 데려간 날들」 부분)라는 의미심장한 물음을 던질 때 그것은 보편적인 생물학적 물음이 아니다. 사물과 견준 상대적인 물음이 아니라 절대적 물음에 가까운 것이다. 이 절대적 물음은 비장함을 내포하고 있다. 이 물음에 답하는 것은 그에게 시란 무엇인가를 답하는 일이기도 하다.

나는 무엇을 바라 오늘 이 길을 걷고 있는가
바람이 없는 삶을 꿈꾸며 산으로 들어왔으나
어떤 바람을 안고 길을 걷는 사내를 봅니다
나는 나에게 합당한 것을 꿈꾸는가
만져지고 느껴지는 대상을 바라는가
잠복한 몽환을 끌어내줄 배개를 바라는가

—「산책자」 부분

이 숱한 물음은 산책에서 비롯된다. 수도자와 같은 이 물음들은 거꾸로 들여다보면 그의 욕망을 살피는 열쇠가 된다. 따라서 이 고백의 진정성이 짙어질수록 시간의 비극적 세계 인식은 강화되는 것이다. "커다란 잎사귀부터/노랗게 물들기 시작한다.//너무 멀리 왔다"(「첫서리」 부분)는 시간에 대한 자기 진단도 역시 깊은 슬픔 혹은 염결한 자기 결단을 내포하고 있다. "나 오래전에 누구의 자식이었으며/친구였고 연인이었다/그들의 상처 위에 밤눈 내린다"(「밤의 산책자들」 부분)는 고백을 통하여 다른 세계와 단절된 자의 슬픔과 그들에 대한 연민을 가늠해볼 수 있다. 치유될 수 없는 그들의 상처 위에 그나마 밤눈으로 내리는 것이야말로 그가 할 수 있는 가장 큰 위로가 될 터이다. 산책을 통하여 만나는 사물을 통해 보이는 시간에 대한 비극적인 인식은 아마도 '그들'의 상처와 깊은 연관이 있을 것이다.

> 빗장을 걸듯
> 어떤 결심이 오는 때가 되었다
> 나만의 시간 속으로 떠날 준비를 한다
>
> 내 갈 곳은
> 지금보다 먼 곳
>
> 내 천성의 식탁은 고독이다
>
> —「여행자의 석양」 부분

그의 산책이 편치 않은 것은 산책 중 부풀어 오른 사유와 몽상을 스스로 뭉개졌다고 생각하는 자신의 틀로 통과시키는 까닭이다. 자신은 '그들'에게 상처를 주는 존재이며 지상에는 존재하지 않는 불멸의 사랑을 꿈꾸는 존재인 탓에 한껏 부풀어 오른 사유와 몽상도 모두 불우한 형상의 그것으로 치환된다. 앞에 말했듯 깊은 산속에서의 그의 삶이 도원으로서의 그 무엇이 아니라 방랑의 성격을 띠고 있는 이유도 마찬가지이다. 더 피할 곳이 없어 산속으로 들어와 살고 있으면서도 자신이 갈 곳이 현재의 이곳이 아니라 더 먼 곳이라는 고백은 자신만의 시간으로 가야 한다는 강박이 내재해 있기 때문이다. 이 부분이 시인으로서의 혼이 각을 세우고 있는 지점이다. 그는 지금 산속에 있지만 여전히 방랑자일 뿐이고 고독을 양식으로 삼아 걷고 있는 것이다. 인간 최종의 것으로서의 운명에 대한 체득을 보여주는 「모래의 노래」에서 "그렇게 될 것들은 결국 그렇게 되는 것/다시는 나를 찾지 마라"는 구절은 빛나는 자기 고백이라 할 수 있다. 세계에 대한 이 응시가 순응적인 운명론으로 비추어지기보다는 세계에 대해 한 치도 양보할 수 없다는 결의로 보이는 것은 자기의 시간으로만 가겠다는 의지와 더불어 나를 찾지 말라는 단독자 의식이 뿌리 깊이 자리 잡고 있기 때문이다.

바위계곡 뛰어내리던 물
코끼리 이빨처럼 얼어붙었다
얼음 뚜껑을 덮어놓은 벼랑 아래 소(沼),
봄바람이 불어온다
검은 이마에 잔설 덮고 침묵하던
바위 목에 얼음 칼이 헐거워진다
고드름에 최초의 물방울이 맺힌다

벼랑 밑 그늘에서 완강하던
얼음에 구멍이 뚫린다
물의 숨소리가 들린다
물의 혀는 두꺼운 얼음에
반월(半月)의 칼날을 세운다.

—「얼음의 시간」 전문

산책 가운데 만난 자연의 변화 자체를 묘사한 이 시는 특이한 경우다. 어떠한 직설적 감정도 알레고리도 거부하고 있기 때문이다. 봄이 오면서 물이 풀리기 시작하는 계곡의 모습을 약간의 비유를 통해 묘사하고 있다. 그에게 최초 혹은 최후와 같은 말은 의미심장한 의미를 띠는데 그것은 존재의 운동성과 깊은 관련이 있다. 존재의 운동성이 시작될 때 그것은 최초이며 운동성이 끝날 때 그것은 최후이다. 그 사이의 과정이야 어떠하든 최초와 최후라는 어휘가 비장한 의미를 띠게 되는 것이 운동성의 시작과 마침 때문이다. 최초의 물방울로 인해 뚫리고, 들리고, 맺힐 때 생명의 환호를 느끼게 된다. 그럼에도 불구하고 물의 혀가 '半月의 칼날'을 세우고 있다는 것은 장엄한 최후를 뜻하는 것이기도 하다. 팽팽한 최초와 최후의 대결을 바라보는 그의 시선은 냉철하다. "그렇게 될 것들은 결국 그렇게 되는 것"이기에 대상에게 냉철한 시선을 유지하지만 어딘지 모를 최후의 결기를 발견하게도 된다.

이렇듯 그에게 산책은 풍성한 자연에 대한 향유가 아니라 방랑이며 최초와 최후가 길항하는 공간이며 '그들'의 상처를 확인하는 일이다. 그 가운데 운명론적인 대결을 마다하지 않으려는 고독한 존재의 확인이기도 하다. 자연의 세례에 즐거운 미소를 짓는 일도 있겠지만 약간은 더 들어간 눈, 속이 빈 위장, 존재에 대한 착상으로 인한 번민의 또 다른 이름이 그에게는 산책이다.

5. 인연 그 이후

어느 날 깊은 산속에서 결혼식이 있었다. 해발 700미터 산을 넘고 물을 건너 그의 결혼식에 참예하는 길은 아름다운 가을날이었다. 박완호 시인과 멀리 신림을 돌아 산속에 도착했을 때 다 알 만한 하객들이 툇마루에 앉아 가을날의 햇살을 즐기며 막걸리에 설컹설컹한 돼지고기를 씹고 있었다. 함민복, 정병근, 이윤학, 김영산, 고영 시인… 그들은 도깨비 같은 장난스러운 얼굴을 하고 나이 든 신랑 신부를 으르고 달래고 있었다. 한 마리 순한 양이 되어 이리저리 불려 다니는 정용주 시인을 보고 있자니 웃음이 나왔다. 이런 행복한 날도 우리들에게 있구나 생각하며 하늘을 올려보았다. 결혼식은 시종 희희낙락이었지만 마음 한구석에 남아 있는 말 못할 슬픔을 우리가 왜 서로 몰랐겠는가? 나도 한 편의 축시를 낭송했다. 축시의 마지막을 읽다가 신부 눈에 살짝 비친 눈물을 본 것은 아마 나뿐이었으리라. "신

부여/오늘부터 이 사람이 당신의 집이다./이 산이 당신의 집이다."

시집은 또 하나의 잔치다. 그 잔치에 또 참예하게 되었으니 우리의 인연이 어떤 것인가 짐작되는 바가 있다. 이 글이 분석적 해석이 되지 못한 이유는 그와 나의 거리가 그만큼 가까운 때문이라 자위해본다. 애초에 그런 글이라면 내가 적임자가 아니었을 것이다. 시집 초고본을 공손히 들고 여러 번 읽으면서 우수에 찬 한 사내가 군불을 때는 모습을 그려본다. 일렁이는 불 그림자에 번뜩이는 얼굴을 떠올려보는 것이다. 눈은 저 건너 산에서부터 밀려오고 있다. 그로 인하여 사람의 관계란 무릇 세속의 주고받음을 뛰어넘어야 함을 나는 배웠다. 그 고마움을 시집을 더럽히는 글로 대신하니 미안한 마음이 들기도 한다. 오랜만에 만나 내민 그의 손을 잡을 때 전해오는 서늘한 기운을 오래도록 기억하며 슬프고 아름다운 그의 시편들이 다른 이들의 마음을 울리기를 진심으로 바라는 바다.

이 도서의 국립중앙도서관 출판시도서목록(CIP)은 서지정보유통지원시스템 홈페이지(http://seoji.nl.go.kr)와 국가자료공동목록시스템(http://www.nl.go.kr/kolisnet)에서 이용하실 수 있습니다. (CIP제어번호: CIP2013020843)

시인동네 시인선 003
그렇게 될 것은 결국 그렇게 된다

초판 1쇄 인쇄 2013년 10월 23일
초판 1쇄 발행 2013년 10월 30일
지은이 정용주
펴낸이 김석봉
책임편집 이현호
디자인 조동욱
펴낸곳 문학의전당
출판등록 제311-2012-000043호
주소 서울시 은평구 연서로11길 7-5 401호
편집실 서울시 마포구 공덕2동 404 풍림VIP빌딩 413호
전화 02-852-1977
팩스 02-852-1978
블로그 http://blog.naver.com/mhjd2003
전자우편 sbpoem@naver.com

ISBN 978-89-98096-51-9 03810

* 이 시집은 〈2013 아르코 문학창작기금〉을 받아 제작되었습니다.